AF232458

A.

# HENRI ROCHEFORT

LES ANCIENS RÉDACTEURS

## DE LA RUE

**Prix : 30 centimes**

PARIS

SE VEND CHEZ MADRE, LIBRAIRE

20, RUE DU CROISSANT

*Vallès nous a pris, moi et les autres, battant le pavé et cherchant inutilement, depuis des années, un coin pour y écrire ce que nous avions pensé ou souffert. Il nous a ouvert son journal tout entier à nous inconnus et pauvres; et si nous ne nous y sommes point fait un nom, malgré son infatigable amitié, au moins y avons-nous gagné notre pain : Vallès nous a fait vivre pendant huit mois.*

*On n'oublie pas ces choses-là!*

*La Rue tuée par un arrêt du tribunal, nous n'avons pas songé à la recommencer, la loi nous le défend. Mais nous avons encore quelque chose à dire. Vallès étant le seul homme du journalisme auquel nous croyons, nous sommes allés le supplier de se remettre à notre tête, de nous conseiller et de nous diriger.*

*Il nous a dit : Partez, je vous rejoindrai!*

*Nous sortons!*

Pour la rédaction de LA RUE,<br>G. PUISSANT.

*<br>* *

Cette brochure était tout entière écrite quand la *Lanterne* a été saisie.

Nous n'y retranchons rien, mais nous éprouvons le besoin, en face de la mesure

1

qui menace M. Rochefort dans son droit et sa liberté, de lui offrir l'hommage public de notre profonde et entière sympathie, et il est bien entendu que nous le tenons pour le plus digne de nous tous et pour le meilleur de nos amis.

Mais nous différons sur un point : nous ne voulons pas, nous, qu'on porte jamais un débat de journalisme devant un tribunal.

M. Rochefort a invoqué la loi : la loi l'a mal protégé hier, elle sera cruelle pour lui demain.

C'est toujours ainsi ; et voilà pourquoi nous demandons la liberté, même de l'injure, pour avoir la liberté du bien. Voilà pourquoi nous avons écrit cette brochure.

LA RUE.

## LES PROCÈS DE PRESSE.

*A M. Henri Rochefort.*

Il n'y avait qu'un mot à dire : « j'ai eu tort ! »

Vous l'avez dit trop tard, vous avez été faible devant le tribunal.

Vous avez raconté vos affaires au public; vous avez montré de l'émotion. Ces douleurs respectables, et qu'on doit tenir secrètes, vous les avez étalées devant un juge qui vous condamnait hier, qui vous condamne aujourd'hui, qui vous condamnera demain, — toujours.

Ah! s'il ne s'agissait pas de vous, si vous n'aviez été tristement sincère, comme on aurait le droit de trouver cela *comique*, avec M. Rochette, celui que vous avez frappé!

Vous vous nommez Rochefort; seul depuis vingt ans, vous avez eu du courage : vous avez parlé; vous jetez la *Lanterne* à 100 000 exemplaires, et vous vous arrêtez pour répondre à des *Stamir*, à des *Bussy!*

*Marchal* est un misérable; *Stamir* un imbécile, je le veux bien; qu'importe tout cela? A quoi bon fouiller leur dossier?

L'injure qui vient d'en bas, comme l'injure qui vient d'en haut, ne vous atteint pas.

Laissez, laissez calomnier : laissez clabauder qui voudra! dans cette partie sérieuse que nous jouons, le public seul compte les points, marque les coups! S'il en est qui sont avec nos

ennemis, c'est leur droit ; tant pis pour eux:
nous n'avons pas besoin de ces gens-là.

Nous voulons la liberté des diffamateurs,
la liberté des coquins, la liberté des niais et des
*gobeurs*, et souvenez-vous bien que la liberté
porte avec elle son équilibre.

Vous n'aviez *rien* à répondre, *rien* à faire.
Le silence les tuait du coup. Vous seul leur
avez fait un nom ; — vous seul.

Vous les avez acculées, ces bêtes puantes ;
vous leur avez donné un semblant de courage ;
vous en avez fait presque des hommes.

L'autre jour, à la sortie de l'audience où
vous l'aviez appelé des premiers, Marchal a
menacé, le pistolet au poing, la foule qui le
huait à distance, et la foule a reculé. Puis
quand elle a vu l'autorité lui prêter main-forte,
la foule s'est précipitée de nouveau, hurlant :
« A l'eau ! à l'eau ! »

A l'eau ! c'était tout à l'heure qu'il fallait l'y
jeter, imbéciles !

Ce pistolet devant lequel on a reculé, c'était
l'affirmation du droit individuel qui se défend,
et qui tue, s'il le faut. — Ce lâche a eu son
moment, grâce à vous.

Oui, vous avez fait faute sur faute.

Vous avez provoqué jadis — faute grave — Paul de Cassagnac, qui vous a blessé, et qui depuis n'a pas voulu vous blesser une seconde fois : vous avez essuyé un refus.

Vous avez été, vous batailleur de la libre pensée, frapper un imprimeur, un commerçant coupable seulement d'avoir fait son métier — faute plus grave encore !

Vous avez en main deux armes terribles : le talent et le mépris, et vous choisissez, pour vous défendre, l'épée ; vous choisissez la canne ; vous allez chercher un appui près d'un tribunal, et le tribunal vous donne tort, et le public qui vous est si sympathique, n'ose pas avouer qu'il vous désapprouve également.

Et pourtant vous êtes un homme ! Un homme que nous aimons et dont nous sommes fiers de serrer la main.

Mais il vous reste trop du gentilhomme. Vous croyez qu'on dit encore : « ma plume et mon épée. » Vous guerroyez comme les écrivains royalistes de la Restauration, vous, républicain ! Qu'on vous insulte, et vous vous attristez, vous êtes inquiet ; vous cherchez l'ennemi ; flanqué de deux témoins, vous faites des courses désordonnées par la ville, pour rosser les faquins.

Jeu brave! mais vieux jeu!

Laissez cela à d'autres.

Laissez faire cette comédie de l'honneur à moins fort que vous!

Vous n'êtes pas du Boulevard, vous!

Vous n'avez pas, vécu toujours, au café de Suède, au café de Madrid, de *parlottages* et de *débinages* stériles.

Vous n'avez pas fait votre nom, sur le dos de *Machin*, dans le journal de *Chose*; votre place n'est pas au milieu de ceux qui se tassent inquiets et jettent autour d'eux des regards louches, dès qu'un *nouveau* se présente. *Ils sont déjà trop sur la place.*

Voyez-les, ceux-là, ils ont inventé, à leur usage et profit, la liberté du scandale; ils en ont usé longtemps, quand personne ne disait rien; il a suffi qu'un seul, un malheureux, un misérable, qu'importe? élevât la voix, ils se sont regardés, ils ont eu peur; ils ont crié en chœur : « A nous les honnêtes gens! »

Vous l'avez dit : « il faut se défier de ceux qui s'en vont *zigzaguant* sur les trottoirs, en répétant : *Je suis honnête homme...., honnête homme.... honnête homme....* »

Niais, qui n'ont pas compris le piége qu'on leur tendait.

M. de Gonet le leur a dit : *Vous avez voulu de la liberté de la presse, vous l'avez.* M. de Gonet est dans le vrai. Ces gens-là ont failli donner raison à nos adversaires : à les entendre, à les voir faire, il semblerait vraiment que nous ne soyons pas dignes de cette liberté.

Et tout cela pour en arriver à quoi ?

1 franc d'amende à Marchal; 1 franc d'amende à Wolff; 1 franc d'amende à Stamir ! Tous! tous! 1 franc d'amende !

Bien joué, monsieur Delesvaux ! Les rieurs sont de votre côté.

Mais vous, Rochefort, pourquoi les avez-vous suivis? Pourquoi les avez-vous fréquentés tant? Pourquoi les fréquentez-vous encore ?

Hélas ! vous ne les fréquenterez plus.... Vous avez pris, dit-on, le chemin de l'exil....,

Après tant d'autres !

Mais il arrive pour certains hommes que leur malheur consacre leur gloire et que leurs fautes mêmes sont utiles.

Oui, ces fautes vous seront utiles, à vous et aux autres ; les scandales profiteront à tous.

On ne vous y reprendra plus , à provoquer, à poursuivre, à frapper, ô journalistes!

Désormais tout procès de presse est impossible ; vos maladresses ont garanti à jamais l'indépendance et la liberté de l'écrivain.

Merci aux insultés ! merci aux insulteurs !

Cette petite explosion de boue a fait du bien. Nous voici aguerris ; ceux qui tremblaient devant la calomnie vont en rire.

La loi sur la diffamation est morte !

Georges Cavalier.

## A M<sup>e</sup> LAURIER.

Vous nous avez défendus jadis éloquemment : vous avez essayé même, s'il nous en souvient bien, de nous faire passer pour des héros : vous voulez nous faire aujourd'hui passer pour des farceurs? — Ni farceurs, ni héros !

Vous avez eu l'air de croire avec l'avocat

impérial que *la Rue* avait inventé la comédie du zouave pour faire de l'argent et du bruit.

De l'argent, du bruit !

Sachez-le donc, cher maître, sachez-le bien, depuis le 2 décembre, pas un journal n'est arrivé aussi vite que *la Rue* à un pareil succès de vente, et n'a conquis, nous le croyons, une telle autorité, pas un ! Quant à la complicité de Vallès dans ce duel-là, n'avez-vous donc pas compris la tactique de *l'Inflexible ?* Vous supposez bien, avec tout le monde, qu'ils n'agissent probablement pas pour leur compte seul, les malheureux, et qu'il y a derrière ces insulteurs quelqu'un dont nous ne voulons pas parler ! Stamir même, et vous avez eu raison de le dire, n'est pas un scélérat : mais simplement un pauvre imbécile qui a prêté sa signature et vendu sa responsabilité.

On lui aura dit :

« — Vous avez été chez Vallès, l'occasion est bonne, commençons par lui ! »

Et certain journalisme, honnête mais niaisard, a aidé la besogne de *l'Inflexible :* le journalisme du boulevard, un peu jaloux peut-être de l'insouciance de Vallès, du succès de *la Rue.*

Vallès, dont quelques-uns craignent la plume, d'autres l'épée — il a eu des duels sanglants. — Les petits n'ont pas été mécontents de l'occasion qui s'offrait de le plaisanter sans danger !

Dans le nombre, il y eut des gens qui crurent, sans y attacher plus d'importance, qu'il avait inventé la farce.... affiche qui ne coûtait rien, — publicité commode !

Mais non — et les mensonges infâmes de *l'Inflexible* à propos de Rochefort, de Rocher, de Gill, devaient, du premier coup, indiquer qu'à propos de Vallès on mentait aussi. Notre déclaration pouvait suffire ; nous avons *juré sur l'honneur !* Aurions-nous signé un faux pour une niaiserie ?

Il n'y a pas à tout cela grand mal — au contraire.

L'aventure établit bien qu'il y a eu rivalité entre le boulevard et *la Rue,* entre la petite presse bourgeoise d'hier et le journalisme populaire d'aujourd'hui.

Ce journalisme populaire qui commence a pour ennemi naturel le journalisme qui finit, et qui en tombant essaye de blaguer les nouveaux venus — blague inutile, rire d'agonie, d'une agonie comique qui a pour lit le divan d'un café.

Ce Boulevard vous a appelé à son secours, et vous êtes venu ! Vous avez fait ce que votre client vous a conseillé de faire, c'est votre état ; vous défendez *la Rue* d'une façon, le boulevard d'une autre ! Très-bien, et *la Rue* n'en veut pas à l'avocat du boulevard.

Nous voulions simplement vous dire que nous n'avons pas plus inventé le zouave que Gozlan ne mangea son capitaine, et nous tenions à vous rassurer sur le passé d'argent de *la Rue.*

C'est fait.... — vous nous croyez, je pense ! Mais s'il fallait une fois encore ne pas paraître nous croire pour qu'une de vos plaidoiries allât plus vite et que vous eussiez plus de nerf et de *chien*, ne vous gênez pas, cher maître ! Ficelle d'avocat, moyen d'audience, parbleu !

Nous ne vous en resterons pas moins fort reconnaissants de l'empressement avec lequel vous avez accepté jadis de nous défendre, et de l'énergie avec laquelle vous avez essayé de nous arracher à la mort.

C'est encore vous que nous irons chercher au jour des poursuites, mais non pour nous protéger contre l'insulte et la diffamation. Vous n'aurez besoin d'accuser personne d'une farce ou d'un mensonge, vous ne plaiderez pour nous que le jour où nous serons mis en cause par d'autres, ou poursuivis par le ministère public.

Car nous avons mieux à faire qu'à nous préoccuper d'attaques dont la Foule fait d'elle-même justice.

Qu'en penses-tu, blousier?

Lorsque tes aînés, pendant les *Glorieuses*, marchaient vers l'Hôtel de Ville, s'arrêtaient-ils pour écouter ceux qui les insultaient au détour des barricades?

Non! ils allaient, tout à leur tâche, derrière celui des leurs qui sur un vieux tambour battait la charge.

Si vaniteux, quand nous t'avons vu si fier! Pour une sottise, nous remplissons la ville de bruit, quand toi, silencieux, tu meurs dans tes faubourgs de fatigue et de faim.

Mais nous oubliions que c'est à vous que la lettre est écrite, M° Laurier; nous allions faire des phrases!

A vous, nous n'avons plus rien à vous dire, plus rien. Nous restons vos amis et vous restez notre avocat.

Nous vous serrons la main par-dessus le cadavre de *la Rue* et le cercueil vide du zou-zou.

LA RUE.

## UN FRANC D'AMENDE.

Comment la trouvez-vous, monsieur Wolff?
*Elle est bien bonne, celle-là !*
Êtes-vous convaincu, maintenant, qu'il faut laisser tout dire, sans jamais recourir aux tribunaux, sans jamais répondre à la calomnie autrement que par la négation pure ou le dédain?

Si personne, dans la presse, ne s'était avisé de discuter le premier *Inflexible,* croyez-vous vraiment qu'il en aurait jamais paru un second?

Ce crachat serait retombé sur le nez de celui qui l'avait lancé, à côté de bien d'autres.

Le succès de *l'Inflexible* est tout entier fait de la badauderie des journalistes. Quand le premier numéro parut, certains niais de la presse s'en emparèrent pour *monter une scie* à Vallès. On disait dans les cafés du boulevard :

« Qu'il s'explique! »

Un petit monsieur qui signe Covielle et qui se fait, par de toutes petites malices, un tout petit nom dans de tout petits journaux, se dressait sur ses pointes, enflait son glapissement et demandait à grands cris une enquête, un tribunal d'honneur, que sais-je, moi?

Cela lui réussit d'ailleurs à merveille. Huit jours après, il était accusé d'abus de confiance dans le second *Inflexible*.

Personne n'y crut, bien entendu, et pourtant il paperassa, courut chercher des certificats de probité dont les diffamateurs se moquèrent.

Quelle pitié!...

Le *Pays*, journal imprimé à petit nombre, acheté seulement par quelques collectionneurs qui ne le lisent pas, fit contre nous une sortie comique et commença à reproduire *l'Inflexible*, acceptant ainsi la responsabilité des allégations qu'il contenait.

On criait toujours à Vallès : Répondez !

« Pourquoi donc? » disait-il, en riant de son gros rire, plein d'insouciance et de dédain.

Cependant ses amis obtinrent qu'il écrirait au *Pays*. Il rédigea la lettre méprisante que vous savez.

On causa encore, nous fîmes notre note. Le bruit grossissant dans le pays des bavards, Vallès, pour montrer ce que valait l'ennemi, écrivit la « Lettre d'un diffamé, » mais il ajouta qu'il ne se dérangerait plus.

Quand on le sollicita de poursuivre, pour le coup il haussa les épaules et refusa net, tout haut, bien haut, au risque de paraître, aux yeux des niais, collaborateur de la farce dont *l'Inflexible* l'accusait, au risque de laisser s'accréditer le bruit qu'il avait été exécuté à la Bourse, lui qui n'y avait jamais risqué un sou — et pour cause !

Nous pouvions aller en justice aussi, nous qu'on appelait : « *ignobles compères.* » — Compères ! Comme si on s'entend à six pour jurer sur l'honneur un mensonge ! Mais nous pensions tous comme Vallès.

Poursuivre ces gens-là ! que dis-je, poursuivre N'IMPORTE QUI, allons donc ! D'ailleurs, en diffamation, la preuve n'est pas admise, ce qui fait beau jeu aux poursuivis.

« Nous avons les mains pleines de preuves, — crient-ils, — mais nous ne pouvons les fournir. »

Seul parmi les gens attaqués dans *l'Inflexible*, Gill a fait ce qu'il devait faire.

Il n'a pas renvoyé à la figure de ces gens la boue dont ils voulaient le salir, il n'a pas dit : Celui-ci est ceci, l'autre est cela, — parlage ridicule et puéril, — il a tout bonnement affiché, bien en vue, une pièce irréfutable qui fit dire à tout le monde :

« Décidément, ce sont d'effrontés menteurs!... »

Car on ne ferme pas la bouche d'un insulteur en lui reprochant de sortir d'une geôle ou d'un mauvais lieu. Bien au contraire, il vous dira : Nous y étions ensemble, c'est là que je vous ai connu!...

Cette plainte en diffamation, monsieur Wolff, a été une faute, une faute énorme, c'est une arme donnée à l'ennemi!

Comment, nous sommes là, les coudes au corps, demandant de l'air, de l'espace, réclamant la liberté d'écrire et de parler, et voilà que pour une insulte venue d'en bas, du ruisseau, vous appelez vite un sergent de ville! — Vous avez vu, du reste, comment la justice vous accueille et vous défend!

Mais que cela vous instruise pour l'avenir.

Il faut laisser parler tout le monde : calomniateurs, diffamateurs, blagueurs, qu'importe!...

Il ne faut jamais aller demander à la justice de fermer la bouche des insulteurs, car elle peut, ou se moquer de vous comme hier, ou vous faire taire à votre tour.

Il faut enfin, partout et quand même, réclamer la liberté, la liberté absolue, sans limites, savoir supporter la liberté du mal pour avoir la liberté du bien, et ne jamais invoquer, même contre des misérables, l'application de peines qu'on peut infliger à d'honnêtes gens.

HENRI BELLENGER.

*<br>* *

## SIGNALEMENTS.

Stamir est un grand garçon mal cousu, point solide, tout à fait laid. Sa tête paraît honteuse d'être plantée sur ses hautes épaules, elle y ballotte comme le crâne ahuri d'un fou. On dirait qu'elle a peur de rouler tout d'un d'un coup sur le pavé.

C'est assurément la caboche d'un imbécile; mais point la tronche d'un scélérat.

Regardez-la : les yeux petits, sans couleur, serrent le nez qui sue, mollasse, bleuâtre, tout gonflé. La lèvre supérieure se cache sous une moustache rousse, et il y a aux deux coins de la bouche de petites taches de vin séché; les dents sont jaunes, humides comme les lèvres qui, en s'entr'ouvrant, tirent des filets de salive glaireuse.

Son front bas est très-aplati, rayonnant de boutons.

Stamir a la poitrine maigre, écrasée; et le cœur gros des vicieux et des criminels de forte race ne trouverait pas à s'y loger. Il ne faut pas non plus le faire plus coupable qu'il n'est.

Il a les pieds grands, les mains violettes, des mains qui pourraient peut-être bizeauter des cartes, mais qui ne sont pas assez fortes, Dieu merci! pour serrer le manche d'un couteau, pas même le rotin hardi du vagabond.

Puis tous ses membres, pattes et bras, se démènent à outrance; et, quand il parle, sa voix bredouillante pique de mots d'argot un langage indécis.

Car le pauvre diable ne fut jamais qu'un homme de paille qu'on plaçait au bas de l'opinion ou du talent des autres.

En échange de notre complaisance à lui inventer une profession, il nous rendait des services qu'un domestique nous eût fait payer plus cher que lui assurément.

Il ne demandait de l'argent que par bribes avec des bassesses comiques. Souvent, pour en avoir, il disait : Je n'ai pas dîné! Et il mentait, car il trouva toujours chez lui, coupée dans le pain de sa mère, la part de son appétit.

A la fin on lui donnait ce qu'il demandait, et il s'en allait content, boire un coup dans un cabaret qui coudoyait notre maison.

Il y allait sans bruit, à la sourdine, et nous avons longtemps cru sobre ce bibassier éperdu. Nous le croyions honnête aussi. Il venait derrière Pépin, un brave et charmant garçon qui aura, lui, à son tour, son heure de célébrité (avez vous oublié d'ailleurs les *Deux aveugles*, Veuillot et Vermorel?).

Pépin, que nous prenions pour l'ami du pauvre diable et qui n'était que son voisin.

Puis Stamir était pauvre, et à *la Rue* c'était un titre. La caisse se fit creuse à remplir des estomacs creux.

Nous le gardions. Que nous importait sa vie, ses mœurs, sa probité, son infamie? A bas les inquisiteurs ou les prêchailleurs de vertu !

Il nous apportait des articles curieux et des notes étonnantes, qu'il signait et qu'il prenait je ne sais où ; mais que nous n'aurions pas eus sans lui. Il publia même une page sur Juarez qui fit grand bruit, si grand bruit qu'on lui demanda des articles au *Figaro*, à la *Liberté*, au *Corsaire*, où l'on n'eut pas plus tort que nous, parbleu ! de le prendre pour collaborateur ! Il nous fît croire un jour à un duel. Nous y crûmes !

Certes oui, pourquoi pas ? Ce courage du duel nous paraissait si banal et si simple que nous n'osions pas croire qu'on pût s'en vanter quand on ne l'avait pas.

Nous ne savions pas, comme aujourd'hui, que le malheureux s'est laissé souffleter vingt fois, sans colère, sans réponse en baissant la tête. Misérable ! Et bien imbéciles ceux qui ont voulu faire de Vallès le complice de cette pasquinade!

Il était inutile d'inventer un duel : nous étions tous jeunes, et nous nous serions battus tous ensemble, contre Paris tout entier.

Que de fois Vallès dut modérer nos attaques, couper les griffes à nos emportements, arrêter nos provocations !

Jugez un peu de notre surprise quand l'*Inflexible* parut : le benêt devenait un coquin, le poltron s'échappait de sa couardise, trépignait, montrait le poing.

Nous cherchâmes tout de suite un autre gredin derrière lui et nous trouvâmes


## CHARLES DE BUSSY.


Je connais moins celui-ci ; je ne l'ai vu qu'une fois, l'autre jour, quand on le siffla dans la salle des Pas perdus. Il marchait gravement, un peu rouge, sous les huées, le ventre en avant, tiraillant d'une main flasque sa barbe jaune, soutenant de l'autre une serviette immense, — torchon dans lequel il avait ficelé l'histoire de sa vie. Il est petit, gros, risible; ce Jacques Latour du pamphlet, il a le nez de Prudhomme, des lunettes de notaire, et il marche à pas comptés avec la majesté d'un dindon.

L'œil est faux, la bouche salement sensuelle; on y sent remuer des convoitises de luxure et d'ivrognerie. Le cou est brûlant, fiévreux.

Je ne serais point étonné que ce Marchal eût porté la soutane, et je sais qu'on lui a mis la casaque grise. Il est catholique et il s'en vante, hélas ! C'est presqu'au nom de Dieu, du haut du ciel, qu'il crache sur les honnêtes gens qui sont des païens. Seulement il crache comme on crache à la barrière, à petits jets, en faisant crier ses lèvres.


La barrière, n'est-ce pas là qu'ils se sont rencontrés? Ils mouillèrent leur verve dans un saladier de vin sucré et ce fut un gargotier louche qui présida à leur union. Il paraît que tous les soirs ils s'attablent ainsi dans un bastringue mal famé de Montparnasse, en petit groupe d'aventuriers. Là, ils font bande à part et ne parlent pas bien haut, car on les méprise dans le quartier, et *Adophe* les cognerait pour pas grand'chose.

Et c'est autour de ces deux êtres qu'on a fait tant de bruit, sonné le tocsin, battu la générale. On s'est agité dans la presse, en haut et en bas, on a gémi, frappé, porté des plaintes.

Il y en eut qui parlèrent de ces pamphlets par désœuvrement, d'autres par méchanceté ou par rancune, afin d'engager dans l'affaire des confrères qu'ils redoutaient ou qu'ils n'aimaient pas. C'est à tout le monde qu'on doit s'en prendre, car tout le monde aurait dû faire silence autour de ces gens-là.

Je pense que la leçon profitera.

Jamais il ne fut montré d'une façon plus éclatante jusqu'où pouvait rouler la presse dans un pays privé vingt ans de liberté !

Vous avez fait taire les hommes, et les can-

caniers ont pu parler. Ils en ont bien profité ; ils ont vendu l'actualité, comme une vierge, guette, au saut du lit et derrière les portes, le scandale....

*L'Inflexible* était un scandale.

*L'Inflexible !* — Stamir ! Bussy !....

.   .   .   .   .   .   .   .   .   .   .   .   .   .   .   .

Pauvre Stamir ! pauvre Bussy !

Gustave Maroteau.

A cette place devait paraître un article intitulé :

### LES DINDONS DE L'ÉPÉE,

et dédié à M. Paul de Cassagnac.

M. Lahure, notre imprimeur, s'est absolument refusé à l'insertion de cet article, mû plutôt par un sentiment de haute convenance qu'effrayé par la perspective d'une poursuite judiciaire.

Il ne consentait à imprimer que si M. de Cassagnac voulait bien, d'homme à homme, dégager sa responsabilité. Nous n'avons pu obtenir du rédacteur du *Pays* une réponse satisfaisante.

Mais M. de Cassagnac ne perdra rien pour attendre ; et nous espérons bien lui faire lire, avant peu, *les Dindons de l'épée*.

*<br>* *

## VOYAGE AU *PAYS*.

C'est moi qui me chargeai de remettre au *Pays* la lettre de Vallès et d'en demander l'insertion.

En entrant dans les bureaux du « Journal de l'Empire, » on aperçoit, jusqu'à perte de vue, une enfilade de petites logettes grillées, étiquetées : *caisse, abonnements, délivrances des primes,* etc. Personne nulle part !

J'appelai....

J'allai voir dans les coins. Enfin, après cinq minutes de recherches, survint un monsieur qui m'ouvrit une porte sur laquelle il y avait :

*Rédaction*, et me fit entrer dans une petite pièce pleine de poussière, vide de meubles. Je m'assis sur un canapé jadis vert, maintenant pisseux, dont les ressorts ont crevé l'étoffe et dont le foin met le nez dehors. Ce monsieur était le gérant du *Pays*, je lui contai mon affaire.

Nous nous levâmes, je le suivis.

Nous descendîmes des marches.

Nous passâmes par plusieurs cabinets de rédaction aussi peu meublés que le premier.

Nous traversâmes une antichambre où je vis une chaise dépaillée, un poêle en tôle et pas de garçon.

Enfin, la *cinquième* porte ouverte, la CINQUIÈME ! nous pénétrâmes dans une chambre un peu plus grande, un peu plus claire, un peu plus propre. Il y avait par terre un tapis usé ; dans l'angle, une table ronde ; près de la fenêtre, un bureau.

A voir ce luxe étrange, je me dis : Ce doit être le cabinet du rédacteur en chef.

Je vis venir à moi un grand jeune homme, large d'épaules, large de visage, qui me dit avec un calme excessif : Je suis Paul de Cassagnac.

Il me reçut avec politesse, lut la lettre avec

gravité et me demanda avec lenteur si je tenais *absolument* à un mot insignifiant que j'enlevai.

Puis, cette première glace rompue, nous causâmes ; il me raconta la lutte, à poings fermés, entre Stamir et Victor Noir, dont le hasard l'avait rendu témoin la veille.

Il m'avoua même qu'IL ÉTAIT SOUVENT DUPE DE SA PHRASE ET SACRIFIAIT PARFOIS, SCIEMMENT, A L'ARRONDISSEMENT D'UNE PÉRIODE.

Nous parlâmes duel, bien entendu, et ce fut avec le sourire du raffiné qu'il me dit :

« Les deux adversaires qui me plairaient davantage sont Vallès et Vermorel. Je les hais.... Je les HAIS.... JE LES HAIS. »

Je n'avais plus conscience du lieu où je me trouvais, je me croyais transporté dans quelque académie d'armes du XVII<sup>e</sup> siècle et je regardais, curieux et étonné, ce *friand de la lame.*

La lettre parut, mais flanquée de commentaires qui voulaient nous blesser.

Si j'étais allé voir M. de Cassagnac, ce n'était pas pour lui demander qu'il cessât ses attaques, au contraire, mais bien pour le prévenir, dans son intérêt, pour l'honneur du journalisme, de prendre garde au piége que lui tendaient les rédacteurs de *l'Inflexible* en lui demandant son appui.

S'il avait compris le sens de ma démarche, il se serait évité l'ennui, — après avoir ouvertement, niaisement pris parti pour ces gens, — d'écrire au *Figaro* la lettre mélodramatique dans laquelle il déclarait se séparer d'eux absolument [1].

H. BELLENGER.

## DEUX HOMMES.

Regardez-les !

L'un est maigre et bilieux, la figure longue pleine d'angles et de trous. L'os maxillaire dessine, à l'extrémité de sa base, vers le cou, la bosse propre aux carnassiers. Le front haut

---

1. Bellenger, tu trembles !

Tu nous as dit qu'*il* avait dit à Jean : « Jean, allez-moi donc chercher mon déjeuner chez Brébant ! »

Nous sommons M. Brébant de nous ouvrir son livre de cuisine et de nous y laisser voir si le 13 juin 1868, vers midi, un individu portant l'uniforme de garçon du *Pays* s'est présenté à ses fourneaux, et lui a demandé : « Êtes-vous monsieur Brébant ? » Si, sur sa réponse affirmative, cet individu, après avoir fait le salut des armes,

et carré est coiffé d'un toupet crépu pareil à un pompon d'artilleur. Le nez est pincé ; la lèvre serrée semble surveiller et mesurer la parole. Moustache fine et rare ; menton aigu plaqué d'une barbiche dont ses doigts effilés roulent le bout des poils qu'il mâche entre ses dents. L'œil brun, scrutateur, mais hésitant, fauve pour ainsi dire, un peu trouble et rayé de filets jaunes et rouges, ne jette que de rapides regards et s'abaisse aussitôt. La voix claire est aigre et brève ; le rire sec et gelé ; le teint livide et plâtreux.

Conspirateur solitaire ! bouffon menaçant ! Cassius enfariné !

Examinez sa démarche : au sautillement de la jambe, au dandinement convulsif du corps, vous supposeriez un timide, un gêné.

— Ce timide, ce gêné, possède les colères et

« à votre obéissance ! » a réclamé le déjeuner du fils du député du Gers, son rédacteur en chef.

De mauvaises langues ont assuré qu'à la même heure, le même jour, Jean était entré dans une gargote obscure, et là, poliment, sans faire le salut de l'épée, avait acheté à crédit (hum ! hum !) un bœuf entrelardé, un *ordinaire* comme nous disons dans la démocratie.

Il faut que le jour se fasse, et sans les tribunaux.

Nous demandons une enquête.                    LA RUE.

les saintes audaces de l'honnêteté. Il a osé ce que personne n'osait : parler suivant sa conscience, sans arrière-pensée, sans ménagement, sans réserve, sans peur. Las de tourner dans la chronique ainsi que fait la rosse aveugle dans son manége, et d'essuyer sa plume sur le dos des drôlesses et des benêts, il s'est campé carrément en pleine place du Carrousel ; et là, happant au passage ceux qu'il méprise, il leur tambourine le cuir à les faire hurler. D'un mot, il éventre un mannequin, crève un portefeuille, fauche un mensonge.

Oh ! oui, il sait haïr celui-là ! et sa haine a le froid et le compact du marbre. Son trait coupe jusqu'à l'os ; on sent, en le lisant, le glacial du canif ouvrant le doigt. Parfois aussi, sa plume, devenue féroce, fouille l'entraille, se retourne dans la plaie et taille la chair en copeaux, comme la gouge frise des papillotes dans le bois.

Ne lui demandez pas la rondeur de la forme : il n'a pas le temps de raboter son dire ; — brode-t-on les lanières d'un fouet ? — il est trop pressé de leur lancer aux reins ses poignées de phrases courtes et pointues comme

des clous, et de leur arracher les contor-
sions ridicules d'une guenon qui s'est piqué le
derrière contre une épine.

Type de probité, sobre comme un ascète,
ne fumant pas, ne buvant que de l'eau, un
bœuf pour le travail, il écrit ses fiévreuses
hardiesses dans le calme de la maison pater-
nelle. Les ennemis ni les envieux ne lui manquent; les autres l'estiment et le respectent
plus qu'ils ne l'aiment. Les gens de sa trempe
n'ont pas d'amis; ils sont tout à l'idée, ils
marchent seuls.

Il ne fume ni ne boit non plus, tenez, cet
Auvergnat, là-bas! il fuit le café et les bavards,
et va seul comme l'autre. Aussi rangé que
l'épicier du coin, il aime à se coucher à dix
heures, à se lever à cinq, celui qu'on a appelé
*le poëte de la loque et du ruisseau.*

C'est ce trapu, noiraud, avec une pointe de
bedonnement qui fait son désespoir. Le front
net est pris dans un fouillis de cheveux qui
trace à partir de l'oreille un angle à peu près
aigu. Le nez retroussé, gros du bout, carré,

paraît séparé de la figure à l'enroulement des narines, ainsi qu'un nez de chien de chasse ; et il a du flair, le gars, je vous le promets ! La lèvre inférieure tombe un peu, la barbe empiète sur le visage évidé en forme de croissant et l'aplatit ; on croirait qu'à partir des yeux on lui a écrasé les joues à coups de poing.

L'œil plein de flamme, provocant et bon enfant à la fois, est placé bas ; la paupière longue et gonflée s'abaisse insolemment et clignote quand un indifférent l'interroge ou lui ressasse des niaiseries ; du reste, il n'écoute jamais ce qu'on lui dit, il se cause en dedans. Les dents sont blanches, aiguës et courtes ; le sourcil épais à la naissance s'affine au bout. Un cou de taureau, le corps ramassé du porteur d'eau dont il rappelle le balancement d'épaules dans sa marche. Généralement, l'air grognon et ennuyé ; mais aussi, souvent, d'effarouchants éclats de gaieté monstrueuse. La voix, serrée et petillante dans la conversation, se fait, pour dominer le tapage d'une assemblée, aussi grave et retentissante que celle d'un bouledogue détaché de sa niche, à travers la nuit.

Moralement : affectueux et bienveillant pour

ses amis jusqu'à la faiblesse ; incapable de résister à la vue d'une misère même méritée ; violent et téméraire de nature, mais prudent, mesuré et circonspect par volonté ; indifférent à la louange ; dédaigneux des inimitiés ; gardé par ces deux forces énormes, le rire et le mépris ; tenace, presque sciant, l'esprit toujours tendu à son but unique : SON JOURNAL.

Il l'aura.

C'est un Jean Jacquiste. Il a, malgré lui, retenu de Rousseau une phraséologie rhythmique et pompeuse ; toutefois, sous les adjectifs coloriants dont il plaque sa pensée, on sent pleurer l'émotion et la charité vraies qui manquent au Génevois.

Causeur, il n'en est point de plus pittoresque pour la diction, le geste, et l'expression. Orateur politique, il serait curieux : curieux, peut-être terrible ; il y a du Danton chez ce courtaud.

Tous deux sont justement arrivés à leur heure ; et c'est Rochefort qui devait venir le premier. Rochefort découpe les hommes avec sa lame polie, Vallès démolira les idées à coups de trique. C'est la bourgeoisie qui commence les révolutions; c'est le peuple qui les achève.

G. Puissant.

*<br>* *

### LETTRE DE BRUXELLES.

« Je fais la noce avec Jef Vandelsoupe, un buveur de bière.

« La moustache de Vandelsoupe, toujours humide de *faro*, se rebrousse sur la lèvre supérieure comme une vague sur un rocher; ses yeux, d'un bleu tendre, vous fixent, doux et bienveillants, lorsqu'il vous invite à trinquer; ses joues rasées sont pâles, et son nez, qui a une pointe de rouge, un peu trognonnant, semble mélancolique quand l'ami Jef, qui parle lentement et par saccades, cherche à exprimer ce qu'il pense.

« Vandelsoupe est journaliste; c'est un rude lutteur, quand de sa plume il fait une trique pour bâtonner les magistrats belges qui se rendent coupables de lèse-liberté. Il sait aussi déculotter les fonctionnaires voleurs ou les financiers escrocs de la Belgique et les fouetter jusqu'au sang.

« En 1832, il a fait le coup de fusil avec les Hollandais ; il sortait de l'école, m'a-t-il dit, et il avait vendu ses livres pour acheter un pistolet de quatre francs.

« Quand il a fini son article, Jef s'en va à l'estaminet, où il se met à jouer aux dominos ; c'est aussi un hurleur de *meetings* ; il est éloquent et soulève l'auditoire.

« Le dimanche, Jef va aux kermesses des environs pour faire danser les grosses filles de Mannekenpis.

« L'ami Jef m'a emmené l'autre soir dans un coin de la vieille ville ; nous nous sommes attablés à la porte d'un *staminet* pour causer des infamies qui viennent de se commettre ici.

« Il faisait nuit ; la lune éclairait de sa lueur pâle la flèche de l'hôtel de ville ; les gargouilles étranges nous regardaient avec leurs gros yeux de canards, de lynx, et de loups ; des saints paillards, coiffés comme Louis XI, débauchaient des vierges dans les corniches des croisées à vitraux ; le vieux palais des libertés flamandes se dressant comme un revenant, semblait écouter les mugissements de ce tribun descendant d'Artevelle, dont la colère débordait comme la mousse fraîche de nos chopes :

« — Aboiements carnassiers des insulteurs gloussements désespérés des insultés, procès, coups de cannes, provocations, ripostes, amitiés, haines, enthousiasmes, tout cela est inutile, c'est niais !

Bien laids quelques insultés.

Bouffi, avec des yeux louches et fuyants, jaunâtre, j'en ai rencontré un se traînant comme une poule malade, il vient demander dix mille francs de dommage-intérêts.

Pourquoi faire? argent pas bien gagné, *savez-vous* !

Que Rochefort vienne ! — Keetje, *donne une fois un verre*, on trinquera et on invitera Fischslin.

« Je ne connais pas vos amis, mais vous pouvez leur dire ça de la part de Vandelsoupe. »
J'ai dit.

« Francis Enne. »

P.-S. Rochefort est arrivé, qu'on emplisse les verres !

*Pour tous les articles non signés :*<br>H. Bellanger.

10173. Impr. gén. de Ch. Lahure, rue de Fleurus, 9, à Paris.